100 NASVETOV ZA AKTIVNO STAROST

Vaš vodnik k zdravju, sreči in vseživljenjskemu učenju

Domen Jazbec

Naslov publikacije: 100 Nasvetov za aktivno starost

Avtor: Domen Jazbec

Leto izdaje: 2024

Jezik: slovenski

Država izdaje: Slovenija

Kraj izdaje: Kranj

Založil: Fiziofit, Fizioterapija Domen Jazbec s.p.

Naklada: Tiskano na zahtevo

Izdaja: 1. ponatis

Cena: 12,99€

CIP - Kataložni zapis o publikaciji
Narodna in univerzitetna knjižnica, Ljubljana

613.98(035)
316.728-053.9(035)

JAZBEC, Domen
    100 nasvetov za aktivno starost : vaš vodnik k
zdravju, sreči in vseživljenjskemu učenju / Domen
Jazbec. - 1. ponatis. - Kranj : Fiziofit, 2024

ISBN 978-961-07-2412-4
COBISS.SI-ID 217377539

IZJAVA O OMEJITVI ODGOVORNOSTI

Informacije v tem priročniku "100 nasvetov za aktivno starost" so zgolj splošne narave. Čeprav si prizadevam zagotoviti kar najbolj točne in aktualne nasvete, ti ne nadomeščajo strokovnih zdravstvenih, prehranskih ali terapevtskih nasvetov. Potrebe posameznikov in njihova zdravstvena stanja se razlikujejo, zato je pomembno, da se pred kakršnimi koli pomembnimi spremembami pri zdravju, prehrani, vadbeni rutini ali načinu življenja, posvetujete s kvalificiranimi zdravstvenimi delavci, dietetiki ali drugimi ustreznimi strokovnjaki.

Avtor ne prevzema odgovornosti za morebitne škodljive učinke ali posledice, ki bi lahko nastale zaradi upoštevanja nasvetov v tem priročniku, brez predhodnega strokovnega posveta. Vedno poiščite nasvet pooblaščenega strokovnjaka, prilagojen vašim potrebam, okoliščinam in zdravstvenemu stanju.

KAZALO

Domen Jazbec

UVOD

Pomembnost ohranjanja aktivnosti v starosti

Ko se staramo, postaja ohranjanje aktivnosti vse pomembnejše za vzdrževanje splošnega zdravja in dobrega počutja. Ta priročnik sem zasnoval z namenom, da vam pomaga vzpostaviti aktiven življenjski slog, s praktičnimi nasveti, ki jih lahko enostavno vključite v svojo dnevno rutino. Ne glede na to, ali šele začenjate svojo pot k bolj aktivnemu življenju, ali pa le iščete nove načine kako ostati dejavni, vam priročnik ponuja 100 nasvetov, ki vam bodo pomagali živeti čimbolj aktivno življenje.

Kako vam lahko ta priročnik pomaga

Priročnik je razdeljen na poglavja, ki pokrivajo različne tematike za ohranjanje aktivnega načina življenja. Od splošnega zdravja in telesne dejavnosti, do družabnih aktivnosti, duševnega zdravja ter prehrane. Vsako poglavje vsebuje praktične nasvete, posebej prilagojene starejšim, z namenom ohranjanja samostojnosti in uživanja v aktivnem življenju.

Hiter pregled kaj lahko pričakujete

Tukaj lahko najdete nasvete, ki vam bodo pomagali pri urejanju zdravstvenih vprašanj, ohranjanju družbene aktivnosti, vseživljenjskem učenju in uživanju v hobijih. Vključil sem tudi nasvete o preprečevanju pogostih zdravstvenih težav, varnem potovanju in ohranjanju samostojnosti v starosti.

Priročnik je namenjen izboljšanju področij, na katerih ste morda šibkejši. V vsakem nasvetu je opisanih le nekaj možnosti, vendar je zelo pomembno, da si vi najdete svoje načine, ki vam najbolj ustrezajo in vas izpopolnjujejo.

S tem priročnikom vam želim le razširiti perspektivo različnih možnosti, kako si lahko dodatno izboljšate določena področja svojega življenja.

Domen Jazbec

POGLAVJE 1: PROCES STARANJA

Najprej se seznanimo kaj staranje sploh je in kako poteka. Staranje je zapleten biološki proces postopnih sprememb v telesu, ki vodijo do zmanjšanja fizioloških funkcij in večje dovzetnosti za različne bolezni. Čeprav se osnovni procesi staranja razlikujejo med posamezniki, so prisotni nekateri univerzalni vzorci, kot so zmanjšanje regenerativnih sposobnosti tkiv, kopičenje celičnih poškodb in spremembe v homeostazi - notranjem ravnovesju.

Celične in molekularne spremembe

Telomere in replikativno staranje: Telomere so zaščitni pokrovčki na koncih kromosomov, ki se s staranjem krajšajo. Pri vsaki delitvi celice se telomere skrajšajo, kar omejuje število možnih celičnih delitev. Ko telomere dosežejo kritično, skrajšano dolžino, se celica ne more več deliti in preide v stanje senescence ali apoptoze.

Mitohondrijske spremembe: Mitohondriji so ključni organeli, odgovorni za proizvodnjo energije v obliki ATP. Z leti pride do poškodb in poslabšanja njihove funkcije zaradi oksidativnega stresa, ki je posledica nastajanja reaktivnih kisikovih spojin. Te poškodbe zmanjšujejo učinkovitost celičnega dihanja in prispevajo k staranju celic ter povečani proizvodnji prostih radikalov.

Regeneracija DNK: Zmanjšana učinkovitost regenerativnih mehanizmov DNK povzroči več poškodb in mutacij. Te napake lahko privedejo do disfunkcije celičnih procesov, kar povečuje tveganje za razvoj rakavih obolenj in degenerativnih bolezni.

Sistemske spremembe

Imunski sistem: S staranjem se pojavi fenomen imunosenescence, kar pomeni zmanjšanje učinkovitosti imunskega sistema. To vodi do slabšega odziva na okužbe, povečane dovzetnosti za kronična vnetja in večjega tveganja za razvoj avtoimunskih bolezni. Stalno rahlo kronično vnetje, imenovano "inflammaging", je značilno za staranje in prispeva k razvoju bolezni, kot so ateroskleroza, diabetes tipa 2 in Alzheimerjeva bolezen.

Endokrini sistem: Hormonske spremembe, ki so značilne za staranje vključujejo zmanjšano izločanje rastnega hormona, zmanjšane ravni spolnih hormonov kot sta estrogen in testosteron ter spremembe v ravnovesju kortizola. Te spremembe vplivajo na presnovo, regeneracijo tkiv, kostno gostoto in mišično maso.

Mišično-skeletni sistem: Sarkopenija, postopna izguba mišične mase in moči, je običajen del staranja. V kombinaciji z osteoporozo, ki zmanjšuje gostoto kosti, se povečuje tveganje za zlome in zmanjšano mobilnost, kar negativno vpliva na kakovost življenja starejših.

Spremembe v srčno-žilnem sistemu

S staranjem se stene arterij zadebelijo in izgubijo elastičnost, kar vodi do povečanega sistoličnega krvnega tlaka. Srce postane manj prilagodljivo in se počasneje odziva na povečane potrebe po kisiku. Poleg tega se zmanjšuje število in funkcionalnost mitohondrijev v srčni mišici, kar zmanjšuje njeno energijsko učinkovitost.

Nevrološke spremembe

Kognitivna funkcija: S staranjem se postopoma zmanjšuje masa in volumen možganov, zlasti v predelih, povezanih s spominom, kot je hipokampus. Prav tako se zmanjša sinaptična plastičnost, ki je ključna za učenje in spomin, kar posledično vodi do upada kognitivnih sposobnosti.

Nevrodegenerativne bolezni: Staranje je glavni dejavnik tveganja za nevrodegenerativne bolezni, kot sta Alzheimerjeva in Parkinsonova bolezen. Te bolezni vključujejo kopičenje nenormalnih beljakovin, kot sta beta-amiloid in tau, kar vodi do izgube nevronov in poslabšanja kognitivnih funkcij.

Koža in senzorni organi

Koža: S staranjem koža postaja tanjša, manj elastična in bolj suha zaradi zmanjšane proizvodnje kolagena in elastina ter zmanjšane aktivnosti žlez lojnic. Zmanjšana regenerativna sposobnost pomeni počasnejše celjenje ran, kar povečuje tveganje za okužbe in poškodbe.

Senzorični organi: S staranjem se poslabša funkcionalnost senzornih organov. Pogoste so izguba sluha, zmanjšanje ostrine vida ter zmanjšana občutljivost voha in okusa.

Presnovne spremembe

Presnova se z leti upočasni, kar pomeni zmanjšano bazalno presnovo in manjšo energetsko porabo, to pa vodi do kopičenja telesne maščobe in zmanjšanja mišične mase. Presnovne spremembe so pogosto povezane z razvojem presnovnega sindroma, ki vključuje debelost, inzulinsko rezistenco, zvišan krvni tlak in dislipidemijo, kar povečuje tveganje za diabetes tipa 2 in kardiovaskularne bolezni.

Staranje je torej kompleksen proces, ki vključuje fiziološke spremembe na celični, tkivni in sistemski ravni. Čeprav je staranje neizogibno, nam razumevanje mehanizmov, ki ga povzročajo, omogoča izvajanje ukrepov za podaljšanje kakovostnega in zdravega življenja. Preventivni ukrepi, kot so zdrav življenjski slog, telesna aktivnost, uravnotežena prehrana in redni zdravstveni pregledi, so le eni od načinov, ki si jih bomo ogledali v nadaljevanju in lahko pripomorejo k ohranjanju kakovosti življenja ter zmanjšanju tveganja za starostne bolezni.

POGLAVJE 2: SPLOŠNI ZDRAVSTVENI NASVETI

S staranjem postaja ohranjanje zdravja še toliko pomembnejše, da lahko živimo kakovostno in aktivno življenje. To poglavje sem posvetil ključnim zdravstvenim temam, ki vam lahko pomagajo ostati zdravi, močni in aktivni. Nasveti so zasnovani tako, da so praktični in enostavni za izvajanje, pri čemer se osredotočajo na zagotavljanje tako telesnega kot tudi duševnega dobrega počutja.

1.   Ostanite hidrirani

Zakaj je to pomembno: Dehidracija lahko privede do številnih težav, kot so težave z uriniranjem, težave z ledvicami, zmedenost in celo padci. S staranjem se sposobnost telesa za zadrževanje vode zmanjšuje, občutek žeje pa morda tudi ni več tako izrazit kot prej.

Kako to izvajati: Navadite se piti dovolj tekočine. Začnite jutro s kozarcem vode in poskrbite, da boste med opravljanjem vsakodnevnih aktivnosti imeli steklenico vode vedno pri roki. Tako boste lažje vedeli, koliko ste dejansko spili. Če vam navadna voda ni všeč, poskusite dodati rezino limone ali kumare za okus ali si pripravite zeliščne čaje. Hrana z visoko vsebnostjo vode, kot so kumare, lubenica in pomaranče, prav tako prispevajo k boljši hidraciji.

2.   Jejte uravnoteženo prehrano

Zakaj je to pomembno: Uravnotežena prehrana zagotavlja hranila, ki jih vaše telo potrebuje za pravilno delovanje, ohranjanje energije in preprečevanje kroničnih bolezni. S staranjem se metabolizem upočasnjuje, zato je ključno, da se osredotočite na hranilno bogata živila z največjo prehransko vrednostjo, ki ne vsebujejo veliko kalorij.

Kako to izvajati: Napolnite si krožnik z raznoliko zelenjavo, pustimi beljakovinami (npr. riba, perutnina), polnozrnatimi živili (npr. rjavi riž, ovseni kosmiči) in zdravimi maščobami (npr. avokado, oreščki, olivno olje). Posvetujte se z nutricionistom ali dietetikom, da skupaj sestavite jedilnik, prilagojen vašim specifičnim potrebam, zlasti, če imate prehranske omejitve ali kronična stanja kot sta sladkorna bolezen ali hipertenzija.

3. Redni zdravstveni pregledi

Zakaj je to pomembno: Preventiva je ključnega pomena pri starejših. Redni zdravstveni pregledi pomagajo pri zgodnjem odkrivanju težav, kot so visok krvni tlak, sladkorna bolezen ali bolezni srca, kar omogoča učinkovitejše zdravljenje.

Kako to izvajati: Naročite se na letne preglede in rutinske preiskave (mamografija, kolonoskopija, meritev kostne gostote…). Vodite evidenco svojih meritev krvnega tlaka, ravni holesterola in krvnega sladkorja ter jih prinesite s seboj na pregled k zdravniku. Če opazite nove simptome ali se vam pojavijo skrbi glede zdravja, ne oklevajte in vprašajte zdravnika za nasvet.

4. Spremljajte krvni tlak

Zakaj je to pomembno: Hipertenzija je pogosta med starejšimi in lahko vodi do resnih zapletov, kot so srčni infarkti, možganske kapi in bolezni ledvic. Redno spremljanje vam pomaga obvladovati krvni tlak in ukrepati, če le ta začne naraščati.

Kako to izvajati: Kupite si domači merilnik krvnega tlaka in redno spremljajte svoje vrednosti. Zabeležite rezultate v dnevnik ali uporabite aplikacijo za pametni telefon, da lahko sledite vrednostim daljši čas. Če so vrednosti povišane, se posvetujte z zdravnikom, ki vam lahko svetuje ustrezne spremembe v načinu življenja ali predpiše zdravila.

5. Uredite si svoja zdravila

Zakaj je to pomembno: S staranjem lahko jemljete več zdravil, ki so pomembna za obvladovanje različnih zdravstvenih težav. Urejenost zdravil je ključna za preprečevanje medsebojnih interakcij, stranskih učinkov ali morebitnih izpuščenih odmerkov.

Kako to izvajati: Uporabite organizator za tablete, da boste imeli zdravila urejena po dnevih in urah. Vodite seznam vseh zdravil, vključno z zdravili brez recepta in prehranskimi dopolnili ter ga vedno prinesite s seboj na zdravniške preglede. Redno se posvetujte z zdravnikom o svojih zdravilih, da ugotovite, ali so še vedno potrebna in se pogovorite o morebitnih stranskih učinkih.

6.   Ostanite miselno aktivni

Zakaj je to pomembno: Z redno miselno aktivnostjo lahko zmanjšate tveganje za kognitivni upad in demenco. Ukvarjanje z miselno spodbudnimi dejavnostmi vam pomaga izboljšati spomin, reševati probleme in izboljšati splošno kognitivno funkcijo.

Kako to izvajati: V svojo rutino vključite dejavnosti, ki so izziv za možgane, kot so uganke, šah, kartanje, branje knjig ali učenje novih veščin, kot sta tuji jezik ali igranje kakšnega inštrumenta. Tudi družabne dejavnosti, ki vključujejo interakcijo, so odličen način za stimulacijo možganov.

7. Ohranite zdravo telesno težo

Zakaj je to pomembno: Prekomerna telesna teža povečuje tveganje za nastanek kroničnih bolezni kot so bolezni srca in ožilja, sladkorna bolezen, težave s sklepi... Ohranitev zdrave telesne teže vam bo pomagalo, da ostanete lažje mobilni in zmanjšuje obremenitev na sklepe.

Kako to izvajati: Osredotočite se na uravnotežene obroke z veliko sadja, zelenjave in pustimi beljakovinami. Zmanjšajte vnos sladkih prigrizkov in predelane hrane ter v svoj vsakdanjik vključite redno telesno aktivnost kot sta hoja ali plavanje. V kolikor potrebujete pomoč, se posvetujte z dietetikom ali nutricionistom, da si pridobite vam prilagojen nasvet.

8. Osredotočite se na nadzor porcij

Zakaj je to pomembno: Ker se metabolizem s staranjem upočasnjuje je enostavno pridobiti težo z enakimi porcijami kot ste jih jedli v mladosti. Prenajedanje tako vodi do povečanja telesne teže in zdravstvenih težav.

Kako to izvajati: Uporabite manjše krožnike in bodite pozorni na signale lakote. Poskušajte jesti zavestno in se izogibajte prehranjevanju iz dolgčasa. Ko jeste zunaj v restavraciji je smiselno, da razmislite o delitvi obroka ali vzemite polovico domov, da se izognete prenajedanju.

9. Zmanjšajte vnos soli

Zakaj je to pomembno: Prekomeren vnos soli lahko vodi do visokega krvnega tlaka, ki je pomemben dejavnik tveganja za srčno-žilne bolezni in možgansko kap. Starejši ko smo, bolj občutljivi postajamo na sol, zato je pomembno, da ste pozorni na njen vnos.

Kako to izvajati: Izberite svežo ali zamrznjeno zelenjavo namesto konzervirane. Kuhajte doma, kjer lahko bolje nadzorujete količino soli in uporabite zelišča, začimbe, limonin sok ali kis za izboljšanje okusa. Preverjajte oznake na živilih in izbirajte živila z nizko vsebnostjo natrija.

10. Omejite uživanje alkohola

Zakaj je to pomembno: Čeprav zmerno uživanje alkohola lahko ponudi nekatere koristi, vseeno pretirano pitje lahko vodi do številnih zdravstvenih težav kot so okvare jeter, povečano tveganje za padce in različne interakcije z zdravili.

Kako to izvajati: Omejite uživanje alkohola na največ eno pijačo na dan. Vsak teden izberite nekaj dni brez alkohola in raje posezite po brezalkoholnih pijačah. Če ugotovite, da se težko omejujete, si poiščite pomoč.

Če boste upoštevali nasvete v tem poglavju, boste z odgovornim ravnanjem pripomogli k boljši ureditvi svojega zdravja in dobrega počutja. Ne pozabite, da lahko majhne a dosledne spremembe močno vplivajo na vašo splošno kakovost življenja. Ko boste nadaljevali z branjem priročnika boste odkrili še več načinov, kako ostati aktiven in angažiran, kar vam bo omogočilo uživanje v kakovostnem in zdravem načinu življenja.

POGLAVJE 3: TELESNA AKTIVNOST

Ohranjanje telesne aktivnosti je eden najučinkovitejših načinov za ohranjanje zdravja, samostojnosti in kakovostnega življenja v starosti. Redna telesna aktivnost vam lahko pomaga obvladovati kronične bolezni, izboljšati ravnotežje in moč, dvigniti razpoloženje ter izboljšati kognitivne funkcije. V tem poglavju je zajetih nekaj nasvetov kako vključiti telesno aktivnost v vaše vsakdanje življenje, ne glede na vašo trenutno stopnjo telesne pripravljenosti.

1. Začnite počasi in postopoma povečujte

Zakaj je to pomembno: Če ste začetnik pri vadbi ali ste bili dalj časa neaktivni, je pomembno, da začnete počasi in se tako izognete poškodbam. Postopno povečujte svojo vzdržljivost in moč. Počasen začetek omogoča telesu, da se lažje prilagodi novim aktivnostim, kar je pomembno za dolgoročno vzdrževanje rutine.

Kako to izvajati: Začnite z lahkimi dejavnostmi kot so kratki sprehodi ali nežne raztezne vaje. Ko se vaša telesna pripravljenost izboljšuje, postopoma povečujte trajanje in intenzivnost vadbe. Pomembno je, da poslušate svoje telo in se ne preobremenjujete — počasen in enakomeren napredek je ključ do dolgotrajnega uspeha.

2.   Vključite vadbo za moč

Zakaj je to pomembno: Vadba za moč pomaga ohranjati mišično maso, ki se s starostjo naravno zmanjšuje. Prav tako izboljša kostno gostoto, ravnotežje in metabolizem ter zmanjšuje tveganje za padce in zlome.

Kako to izvajati: Vsaj dvakrat tedensko vključite vadbo za moč. Začnite z lahkimi utežmi ali elastičnimi trakovi, pri čemer se osredotočite na glavne mišične skupine (noge, roke, hrbet, trup). Vaje, kot so počepi, izpadni koraki, mali most, "plank", sklece in vaje za roke, so zelo učinkovite in jih lahko izvajate doma ali v telovadnici. Ko postajate močnejši, postopoma povečujte težo ali upor.

3. Dnevni sprehodi

Zakaj je to pomembno: Hoja je enostaven in učinkovit način za ohranjanje aktivnosti. Je nizko intenzivna in ne zahteva posebne opreme ter jo lahko izvajate skoraj povsod. Redna hoja izboljša kardiovaskularno zdravje, krepi mišice in izboljšuje razpoloženje.

Kako to izvajati: Poskusite v svojo dnevno rutino vključiti vsaj 30 minut hoje. To je lahko en daljši sprehod ali več krajših sprehodov preko dneva. Izberite varno, prijetno pot in zraven povabite prijatelja ali družinskega člana za dodatno motivacijo.

4. Raztezne vaje

Zakaj je to pomembno: Raztezanje izboljšuje gibljivost, zmanjšuje otrdelost in pomaga preprečiti poškodbe. To je še posebej pomembno v starosti, saj mišice in sklepi sčasoma postanejo manj gibljivi.

Kako to izvajati: V svojo dnevno rutino vključite raztezne vaje, zlasti po telesni aktivnosti. Osredotočite se na glavne mišične skupine (zadnje stegenske mišice, meča, ramena, spodnji del hrbta). Vsak razteg držite 15- 30 sekund in se izogibajte sunkovitim gibom ali pretiranemu raztegovanju.

5.   Joga za gibljivost

Zakaj je to pomembno: Joga je odličen način za izboljšanje gibljivosti, ravnotežja in moči. Prav tako spodbuja sprostitev in mentalno bistrost, kar zagotavlja celostni pristop k zdravju.

Kako to izvajati: Poiščite tečaje joge, prilagojene starejšim, ki se osredotočajo predvsem na nežne gibe. Vpišite se v centre, telovadnice ali spletne tečaje joge za starejše. Če ste začetnik, začnite z osnovnimi položaji in dihalnimi tehnikami.

6. Plavanje

Zakaj je to pomembno: Plavanje je odlična kardiovaskularna vadba, ki je prijazna do sklepov. Voda podpira telo, kar zmanjšuje tveganje za poškodbe, hkrati pa zagotavlja upor, ki krepi mišice.

Kako to izvajati: Če imate dostop do bazena, poskusite plavati ali se udeleževati vodne aerobike večkrat tedensko. Osredotočite se na različne plavalne sloge, da tako obremenite različne mišične skupine. Če ste začetnik, začnite s krajšimi razdaljami in jih nato postopoma povečujte.

7. Kolesarjenje

Zakaj je to pomembno: Kolesarjenje je odlična vadba za izboljšanje kardiovaskularnega zdravja, krepitev mišic nog in izboljšanje ravnotežja (ne na sobnem kolesu, ker je fiskno). Prav tako je zabaven način za raziskovanje okolice.

Kako to izvajati: Začnite kolesariti po ravnih, varnih poteh. Če raje vadite v zaprtih prostorih, razmislite o uporabi sobnega kolesa. Cilj je kolesariti vsaj 30 minut nekajkrat tedensko, pri čemer postopoma povečujete razdaljo ali intenzivnost.

8. Ples za zabavo in fitnes

Zakaj je to pomembno: Ples je zabaven način za ohranjanje aktivnosti, izboljšanje koordinacije in dvig razpoloženja. Prav tako je odlična družabna aktivnost, ki vam pomaga ostati v kondiciji.

Kako to izvajati: Pridružite se plesnemu tečaju (npr. dvoranski ples, linijski ples, salsa), ki ustreza vašim interesom. Plešete lahko tudi doma ob vaši najljubši glasbi, sami ali v paru.

9. Pridružite se vadbeni skupini za starejše

Zakaj je to pomembno: Vadba v skupini vam zagotavlja motivacijo, odgovornost in družabno interakcijo. Vadbene skupine za starejše ponujajo prilagojene programe, ki se osredotočajo na gibljivost, moč in ravnotežje.

Kako to izvajati: Poiščite lokalne centre ali telovadnice, ki ponujajo vadbe za starejše. Če vam druženje ni všeč, uporabite spletne platforme ali aplikacije za vadbo, ki vam tudi lažje pomagajo vzpostaviti rutino.

10. Vaje za ravnotežje

Zakaj je to pomembno: Ohranjanje dobrega ravnotežja je ključno za preprečevanje padcev, ki so pogost vzrok za poškodbe pri starejših. Vaje za ravnotežje pomagajo krepiti mišice trupa, izboljšati koordinacijo in povečajo stabilnost.

Kako to izvajati: Vključite vaje za ravnotežje, kot so stoja na eni nogi, hoja po črti ali uporaba ravnotežne deske, v svojo rutino. Tai Chi je odlična vadba za izboljšanje ravnotežja. Raziščite kateri centri nudijo tovrstne vadbe.

Z vključitvijo teh nasvetov v svojo dnevno rutino si lahko izboljšate svojo moč, gibljivost in splošno telesno pripravljenost. Redna vadba ni pomembna le za ohranjanje fizičnega zdravja, temveč ima ključno vlogo tudi pri izboljšanju razpoloženja in duševnega počutja. Ko boste postali bolj aktivni, boste ugotovili, da imate več energije za uživanje v številnih vsakodnevnih aktivnostih.

POGLAVJE 4: DRUŽABNA AKTIVNOST

Ohranjanje družabne aktivnosti je enako pomembno kot skrb za telesno in duševno zdravje, še posebej v starejših letih. Družabna udejstvovanja vam lahko pomagajo premagovati osamljenost, izboljšati razpoloženje in pozitivno vplivajo na kognitivne funkcije. V tem poglavju je podanih nekaj praktičnih nasvetov, kako ostati povezani z drugimi, graditi smiselne odnose ter se aktivno udeleževati dogodkov v vaši lokalni skupnosti.

1. Pridružite se društvu ali skupini

Zakaj je to pomembno: Sodelovanje v društvu ali skupini vam daje občutek pripadnosti in namena. Prav tako vam ponuja priložnost, da spoznate nove ljudi s podobnimi interesi, kar lahko vodi do trajnih prijateljstev.

Kako to izvajati: Poiščite lokalna društva ali skupine, ki ustrezajo vašim hobijem ali interesom, kot so bralna društva, vrtnarska društva ali krožki za pletenje. Lokalne skupnosti, centri za starejše in knjižnice pogosto organizirajo tovrstne skupine. Preizkusite več različnih, dokler ne najdete prave zase.

2.   Prostovoljstvo v vaši skupnosti

Zakaj je to pomembno: Prostovoljstvo je odličen način, kako prispevati k skupnosti, ostati aktiven in spoznavati nove ljudi. Prav tako vam lahko prinese občutek izpolnjenosti in namena, kar je ključno za duševno dobro počutje.

Kako to izvajati: Razmislite kaj vas zanima in preverite organizacije, ki vas navdušujejo, kot so zavetišča za živali, delilnice hrane ali druge dejavnosti v vaši lokalni skupnosti. Mnoge organizacije potrebujejo prostovoljce in ponujajo prilagodljive možnosti, ki ustrezajo vašemu urniku.

3. Obiskujte družabna srečanja

Zakaj je to pomembno: Obiskovanje družabnih srečanj vam pomaga ostati povezan s prijatelji in družino ter ponuja priložnosti za spoznavanje novih ljudi. Družabne interakcije so bistvene za ohranjanje pozitivnega pogleda na življenje in zmanjševanje osamljenosti.

Kako to izvajati: Redno obiskujte družinska srečanja, dogodke v skupnosti ali prireditve. Če ste povabljeni na družabni dogodek, se poskusite udeležiti tudi, če niste popolnoma razpoloženi, kajti to je odličen način za ohranjanje družbenih vezi.

4. Ostanite povezani z družino

Zakaj je to pomembno: Ohranjanje močnih družinskih vezi je pomembno za čustveno podporo in splošno dobro počutje. Redni stiki z družinskimi člani vas bodo ohranjali vpetega v njihova življenja.

Kako to izvajati: Načrtujte redne telefonske klice, video klepete ali obiske. Če imate vnuke, ostanite povezani prek skupnih dejavnosti, kot je branje zgodb po telefonu ali skupno igranje spletnih iger. Redni družinski obroki ali srečanja ob praznikih, vikendih so prav tako odličen način za ohranjanje vezi.

5. Uporabljajte tehnologijo za ohranjanje stikov

Zakaj je to pomembno: Tehnologija omogoča, da ostanemo povezani z ljubljenimi, ne glede na fizično razdaljo. Omogoča vam, da pogosteje ostanete v stiku s prijatelji in družino.

Kako to izvajati: Naučite se uporabljati orodja za video klice (npr. Zoom, Skype, FaceTime) in družabne platforme (npr. Facebook, Instagram). Knjižnice in centri za starejše pogosto ponujajo tečaje za učenje uporabe tehnologije. Uporabite aplikacije za sporočanje kot je WhatsApp ali Viber, za deljenje slik in video vsebin.

6. Spoznajte nove prijatelje

Zakaj je to pomembno: Novi prijatelji vam lahko prinesejo nove izkušnje in dejavnosti v vaše življenje. Vzpostavljanje novih odnosov odpira vrata v nove družbene kroge.

Kako to izvajati: Bodite odprti za spoznavanje novih ljudi v vsakodnevnih situacijah kot so telovadnica, kavarne ali sprehodi. Udeležujte se dogodkov ali tečajev, kjer boste tudi srečali ljudi s podobnimi interesi.

7. Sodelujte v skupinskih dejavnostih

Zakaj je to pomembno: Skupinske dejavnosti ponujajo zabaven in strukturiran način za druženje ter vas hkrati ohranjajo telesno in miselno aktivne.

Kako to izvajati: Pridružite se skupinskim dejavnostim kot so vadbe, likovne delavnice ali kuharski tečaji. Mnoge lokalne skupnosti in centri za starejše ponujajo tovrstne dejavnosti, ki so prilagojene starejšim.

8. Prirejajte družabne dogodke

Zakaj je to pomembno: Prirejanje družabnih dogodkov pri vas doma je odličen način za povezovanje ljudi in krepitev vaše družbene mreže.

Kako to izvajati: Organizirajte preproste dogodke, kot so čajanke, filmski večeri ali pikniki. Sprostite vzdušje z neformalnimi srečanji, kjer se bodo vsi počutili udobno.

9. Potujte s prijatelji ali družino

Zakaj je to pomembno: Potovanja s prijatelji ali družino krepijo vezi in ustvarjajo nepozabne spomine. Skupna potovanja omogočajo raziskovanje novih krajev in kultur.

Kako to izvajati: Načrtujte izlete s prijatelji ali družinskimi člani, bodisi za vikend izlet ali daljše počitnice. Pridružite se potovalnim skupinam za starejše, kjer lahko spoznate nove ljudi, medtem, ko odkrivate nove destinacije.

10.   Pridružite se spletnim skupnostim

Zakaj je to pomembno: Spletne skupnosti vam omogočajo povezovanje z ljudmi s podobnimi interesi, ne glede na to, kje živijo. To je še posebej koristno, če imate omejeno gibljivost ali živite na odročnem območju.

Kako to izvajati: Raziščite spletne forume in skupine na družabnih omrežjih, ki so povezane z vašimi hobiji. Platforme, kot je Facebook, ponujajo skupine, kjer lahko delite izkušnje in spoznate nove ljudi. Pazite le na spletno varnost in izbirajte zanesljive skupine.

Z družbeno angažiranostjo lahko svoje življenje obogatite s prijetnimi odnosi in močno socialno mrežo podpore. Družbena interakcija je ključnega pomena za duševno in čustveno zdravje, saj vam pomaga ostati pozitiven, motiviran in povezan s svetom okoli vas. Z upoštevanjem teh nasvetov boste ugotovili, da bo vaše družabno življenje bolj izpolnjeno, hkrati pa se bo izboljšalo tudi vaše splošno počutje.

POGLAVJE 5: DUŠEVNO ZDRAVJE

V starosti je duševno zdravje bistveni del za zagotavljanje splošnega dobrega počutja. Ohranjanje pozitivnega mišljenja, obvladovanje stresa in ukvarjanje z dejavnostmi, ki so izziv za vaše možgane, so ključni, za ohranjanje duševnega zdravja in sreče. To poglavje vsebuje praktične nasvete o tem, kako skrbeti za svoje duševno zdravje, izboljšati kognitivne funkcije in ohranjati čustveno ravnovesje.

1. Meditacija in čuječnost

Zakaj je to pomembno: Meditacija in čuječnost lahko zmanjšata stres, izboljšata koncentracijo in povečata splošen občutek dobrega počutja. Te tehnike vas spodbujajo, da živite v sedanjosti, kar lahko pomaga zmanjšati anksioznost in izboljša miselno bistrost.

Kako to izvajati: Začnite z nekaj minutami meditacije vsak dan. Poiščite miren prostor, se udobno usedite in se osredotočite na svoje dihanje. Če vam misli zaidejo drugam, jih nežno usmerite nazaj na dihanje. Čuječnost lahko vadite tudi med vsakodnevnimi dejavnostmi tako, da opazujete svojo okolico, misli in občutke brez predsodkov.

2.   Uganke in miselne igre

Zakaj je to pomembno: Ukvarjanje z ugankami in miselnimi igrami pomaga ohraniti vaš um bister ter zmanjša tveganje za kognitivni upad. Aktivirajo možgane, izboljšajo spomin in krepijo sposobnost reševanja problemov.

Kako to izvajati: Vključite uganke, križanke, Sudoku ali druge miselne igre v svojo dnevno rutino. Igranje iger, kot so šah ali kartanje, je prav tako miselno spodbudno in hkrati zabavno.

3.   Redno branje

Zakaj je to pomembno: Branje je odličen način za ohranjanje aktivnega uma. Spodbuja domišljijo, izboljšuje koncentracijo in je lahko vir sprostitve ter užitka.

Kako to izvajati: Vsak dan si vzemite nekaj časa za branje knjige, revije ali časopisa, ki vas zanima. Če imate težave z vidom, razmislite o zvočnih knjigah ali gradivih z večjimi tiskanimi črkami. Pridružitev bralnemu društvu lahko dodatno obogati vaše življenje.

4. Naučite se nove veščine ali hobija

Zakaj je to pomembno: Učenje novih veščin ali hobijev ohranja vaš um aktiven, povečuje radovednost in izboljšuje samozavest.

Kako to izvajati: Preizkusite se v veščinah kot so slikanje, igranje inštrumenta ali kuhanje. Vpišite se na tečaje v svoji okolici ali pa poiščite spletne tečaje.

5. Vadite pozitivno razmišljanje

Zakaj je to pomembno: Pozitivno razmišljanje zmanjšuje stres, izboljšuje razpoloženje in pozitivno vpliva na vaše fizično zdravje.

Kako to izvajati: Osredotočite se na prepoznavanje negativnih misli in jih poskusite zamenjati s pozitivnimi. Vadite hvaležnost tako, da si vsak dan zapišete za kaj ste hvaležni.

6. Priskrbite si terapijo, če je potrebno

Zakaj je to pomembno: Terapija vam lahko pomaga obvladovati stres, anksioznost, depresijo ali druge duševne težave. Pogovor s strokovnjakom vam lahko pomaga razviti strategije, ki vam bodo pomagale za izboljšanje duševnega počutja.

Kako to izvajati: Če se soočate z duševnimi težavami, razmislite o pogovoru s terapevtom ali svetovalcem. Obstajajo tudi spletne platforme za tovrstno terapijo.

7. Vodenje dnevnika

Zakaj je to pomembno: Pisanje dnevnika je terapevtski način izražanja misli in občutkov. Pomaga zmanjšati stres in pridobiti jasen vpogled v vaše življenje.

Kako to izvajati: Redno pišite o svojih dnevnih izkušnjah, občutkih, ciljih in hvaležnosti. Vodenje dnevnika vam lahko sčasoma pomaga pri samorefleksiji in osebni rasti.

8. Ukvarjajte se z ustvarjalnimi dejavnostmi

Zakaj je to pomembno: Ustvarjalne dejavnosti, kot so slikanje, pisanje ali rokodelstvo, spodbujajo možgane in vam nudijo občutek izpolnitve ter sprostitve.

Kako to izvajati: Posvetite se ustvarjalnemu hobiju, ki vas veseli. Ni pomembno, ali ste strokovnjak — pomembno je uživati v procesu ustvarjanja.

9.   Omejite čas pred zasloni

Zakaj je to pomembno: Prekomerna uporaba zaslonov lahko prispeva k občutkom osamljenosti, anksioznosti in stresa. Omejitev časa pred zasloni spodbuja bolj aktivno življenje in družbeno interakcijo.

Kako to izvajati: Nastavite časovne omejitve za uporabo zaslonov in nadomestite ta čas rajši z dejavnostmi kot so branje, hoja ali druženje.

10.   Poskrbite za dovolj spanja

Zakaj je to pomembno: Dober spanec je ključnega pomena za duševno in fizično zdravje. Slabo spanje lahko vodi do kognitivnih težav in motenj razpoloženja.

Kako to izvajati: Poskrbite za 7-9 ur kakovostnega spanja vsako noč. Ustvarite si večerno rutino, ki vam pomaga umiriti misli kot je branje ali poslušanje prijetne glasbe.

Skrb za duševno zdravje je enako pomembna kot skrb za fizično zdravje. Z vključitvijo teh nasvetov v svojo dnevno rutino si lahko okrepite duševno zdravje, izboljšate kognitivne funkcije in ohranjate pozitiven pogled na življenje. Ne pozabite, da ni nikoli prepozno posvetiti pozornosti k izboljšanju svojega duševnega dobrega počutja ter tako narediti korak k bolj izpolnjenemu in uravnoteženemu življenju.

POGLAVJE 6: PREHRANA IN DIETA

Dobra prehrana je temelj zdrave starosti. S staranjem se spreminjajo prehranske potrebe vašega telesa, zato je uživanje prave hrane ključno za ohranjanje zadostne ravni energije, podporo imunskemu sistemu in obvladovanje kroničnih bolezni. V tem poglavju so predstavljeni praktični nasveti o vzdrževanju uravnotežene prehrane, ki spodbujajo splošno zdravje in izboljšujejo kakovost vašega življenja.

1. Jejte več sadja in zelenjave

Zakaj je to pomembno: Sadje in zelenjava sta bogata z vitamini, minerali, vlakninami in antioksidanti, ki podpirajo splošno zdravje in zmanjšujejo tveganje za kronične bolezni. Prav tako pomagata ohranjati zdrav prebavni sistem ter izboljšujeta zdravje srca in ožilja.

Kako to izvajati: Pri vsakem obroku si napolnite polovico krožnika s sadjem in zelenjavo, pri čemer izberite različne barve in vrste, da si tako zagotovite širok spekter hranil. Sveža, zamrznjena ali konzervirana (brez dodanih sladkorjev ali soli) zelenjava in sadje je vse odlična izbira. Poskusite dodati zelenjavo k zajtrku, na primer špinačo v omleto, ali uživajte sadje kot prigrizek.

2. Osredotočite se na vlaknine

Zakaj je to pomembno: Vlaknine so ključne za zdravo prebavo, preprečevanje zaprtja in vzdrževanje zdrave telesne teže. Prav tako pomagajo znižati raven holesterola in uravnavati krvni sladkor, kar je v starosti še posebej pomembno.

Kako to izvajati: V prehrano vključite živila bogata z vlakninami kot so polnozrnata žita (ovseni kosmiči, rjavi riž), sadje, zelenjava, stročnice (fižol, leča) in oreščki. Poskušajte zaužiti vsaj 25–30 gramov vlaknin na dan. Začnite dan z zajtrkom, bogatim z vlakninami, kot je ovsena kaša, v juhe ali solate pa dodajte stročnice.

3.   Izbirajte polnozrnata živila

Zakaj je to pomembno: Polnozrnata živila so bogata z vlakninami, vitamini in minerali. Zagotavljajo vam energijo, podpirajo prebavo in zmanjšujejo tveganje za bolezni srca in ožilja, možgansko kap ter sladkorno bolezen tipa 2.

Kako to izvajati: Zamenjajte rafinirana žita kot so beli kruh in bel riž s polnozrnatimi alternativami kot so polnozrnati kruh, rjavi riž, kvinoja in polnozrnate testenine. V trgovini iščite izdelke, ki so označeni kot "100% polnozrnato".

4.   Vključite puste beljakovine

Zakaj je to pomembno: Beljakovine so ključne za ohranjanje mišične mase, ki se s staranjem zmanjšuje. Prav tako podpirajo imunski sistem, obnavljajo tkiva in skrbijo za proizvodnjo hormonov.

Kako to izvajati: V svojo prehrano vključite puste beljakovine kot so piščanec, puran, ribe, jajca, tofu, stročnice in mlečni izdelki z nizko vsebnostjo maščob.

Mastne ribe kot sta losos in skuša so tudi bogate z omega-3 maščobnimi kislinami, ki so pomembne za zdravje srca in možganov.

5.   Pomembnost zdravih maščob

Zakaj je to pomembno: Zdrave maščobe, ki jih najdemo v olivnem olju, avokadu, oreščkih in mastnih ribah, so bistvene za zdravje možganov, srca in zmanjšanje vnetij.

Kako to izvajati: V prehrano vključite več nenasičenih maščob in zmanjšate vnos nasičenih in transmaščob. Za kuhanje uporabljajte olivno olje, v solate pa dodajte oreščke in vsaj dvakrat na teden uživajte mastne ribe. Omejite vnos predelane hrane, ki vsebuje veliko transmaščob.

6.   Izogibajte se predelani hrani

Zakaj je to pomembno: Predelana hrana vsebuje veliko dodanih sladkorjev, nezdravih maščob in natrija, kar lahko prispeva k povečanju telesne teže, visokemu krvnemu tlaku in drugim zdravstvenim težavam.

Kako to izvajati: Zmanjšajte vnos predelane hrane kot so sladki prigrizki, hitra prehrana in vnaprej pripravljeni obroki. Osredotočite se na polnovredna živila kot so sadje, zelenjava, puste beljakovine in polnozrnata žita.

7. Manjši, pogostejši obroki

Zakaj je to pomembno: Uživanje manjših, pogostejših obrokov pomaga uravnavati raven krvnega sladkorja, preprečuje prenajedanje in ohranja stabilno raven energije skozi ves dan.

Kako to izvajati: Namesto treh velikih obrokov jejte pet do šest manjših obrokov ali prigrizkov. Osredotočite se na uravnotežene prigrizke, ki vsebujejo beljakovine, zdrave maščobe in vlaknine.

8.   Smoothieji za povečanje hranil

Zakaj je to pomembno: Smoothieji so priročen način za povečanje vnosa hranil, še posebej, če imate zmanjšan apetit ali težave z uživanjem trde hrane. Nudijo vam hiter obrok, bogat z vitamini, minerali in vlakninami.

Kako to izvajati: Zmešajte svoje najljubše sadje, zelenjavo in vir beljakovin (npr. jogurt, beljakovinski prah ali tofu) za pripravo hranilno bogatega smoothieja. Dodajte lanena semena, chia semena ali špinačo za dodatno hranilno vrednost.

9.   Zdravi prigrizki

Zakaj je to pomembno: Zdravi prigrizki tudi pomagajo ohranjati raven energije in preprečujejo prenajedanje med obroki.

Kako to izvajati: Poskrbite za zdrave prigrizke kot so sveže sadje, zelenjava s humusom, oreščki, jogurt ali polnozrnati krekerji. Prigrizke porcijsko razdelite in kombinirajte z beljakovinami, da tako ostanete dlje časa siti.

10.   Pazite na vnos sladkorja

Zakaj je to pomembno: Prekomeren vnos sladkorja lahko povzroči povečanje telesne teže in poveča tveganje za sladkorno bolezen tipa 2 ter druge zdravstvene težave.

Kako to izvajati: Bodite pozorni na skrite sladkorje v predelani hrani. Na izdelkih si preberite etikete in izberite izdelke, ki vsebujejo malo ali so brez dodanega sladkorja. Potrebo po sladkem zadovoljite z naravno sladkimi živili kot so sadje ali si privoščite manjše porcije temne čokolade.

Z upoštevanjem teh nasvetov si boste zagotovili, da bo vaše telo prejelo vsa hranila, ki jih potrebuje za ohranjanje zdravja, energije in moči. Uravnotežena prehrana ne podpira le vašega fizičnega zdravja, ampak tudi prispeva k duševnemu dobremu počutju in splošni kakovosti življenja. Če boste te nasvete vključili v svojo dnevno rutino, boste na dobri poti do aktivnega in zdravega življenjskega sloga.

POGLAVJE 7: OHRANJANJE SAMOSTOJNOSTI

Ohranjanje samostojnosti v starosti je ključnega pomena za vaše splošno dobro počutje in kakovostno življenje. Samostojnost vam omogoča, da še naprej živite po svojih pogojih, ostanete aktivni in se lahko vključujete v okolje okoli sebe. To poglavje se posveča praktičnim nasvetom za ohranjanje samostojnosti, od zagotavljanja varnega doma do finančne varnosti.

1. Varno domače okolje

Zakaj je to pomembno: Varno domače okolje je ključnega pomena za preprečevanje nesreč kot so padci, ki so eden glavnih vzrokov za poškodbe pri starejših. Redni pregledi doma vam lahko pomagajo prepoznati in odpraviti morebitne nevarnosti, predno ti postanejo težava.

Kako to izvajati: V vašem domu opravite pregled vsakega prostora, da tako ugotovite, če je le ta dovolj varen. Odstranite nered, pritrdite ali odstranite ohlapne preproge ter zagotovite, da so poti proste in dobro osvetljene. Namestite oprijemala v kopalnici, zlasti ob stranišču in v tušu. Dodajte nedrseče preproge na mokra območja ter poskrbite, da so stopnišča opremljena z močno ograjo. Po potrebi se posvetujte s strokovnjakom, da oceni varnost vašega doma.

2. Ostanite mobilni s pripomočki za gibanje

Zakaj je to pomembno: Pripomočki za gibanje kot so palice, hojice ali invalidski vozički vam lahko zagotovijo varno in samostojno gibanje. Nudijo vam stabilnost, zmanjšujejo tveganje za padce in omogočajo aktiven življenjski slog.

Kako to izvajati: Če imate težave z ravnotežjem ali hojo se posvetujte s fizioterapevtom, da ugotovite, ali je določen pripomoček primeren za vas. Pripomočke redno vzdržujte in preverite ali so pravilno nastavljeni glede na vaše potrebe.

3.   Trenirajte varno vožnjo

Zakaj je to pomembno: Varna vožnja je bistvena za ohranjanje samostojnosti, še posebej, če se zanašate na avto. Spremembe vida, sluha in reakcijskega časa lahko vplivajo na vašo sposobnost vožnje.

Kako to izvajati: Redno preverjajte vid in sluh, da si tako zagotovite varno vožnjo. Prav tako se izogibajte vožnji ponoči ali v slabih vremenskih razmerah. Udeležite se osvežitvenih tečajev vožnje za starejše. Če postane vožnja za vas preveč zahtevna, razmislite o alternativnih možnostih prevoza, kot so javni prevoz ali skupnostni programi (npr. Prostofer).

4.   Naučite se uporabljati nove tehnologije

Zakaj je to pomembno: Tehnologija vam lahko pomaga pri komunikaciji, upravljanju opravil in dostopu do informacij. Učenje novih tehnologij vam omogoča, da ostanete povezani in obvladujete vsakodnevne naloge.

Kako to izvajati: Naučite se uporabljati pametni telefon, računalnik ali tablico. Vključite se v tečaje, ki jih ponujajo knjižnice ali skupnosti za starejše. Uporabljajte internet za raziskovanje, komunikacijo in upravljanje financ.

5.　Ostanite finančno neodvisni

Zakaj je to pomembno: Finančna neodvisnost vam omogoča, da sami sprejemate odločitve glede življenjskega sloga in zdravstvene oskrbe. Z dobro finančno organizacijo lahko zmanjšate stres in si zagotovite mir.

Kako to izvajati: Uredite si proračun in redno pregledujte svojo finančno situacijo. Če potrebujete pomoč, se posvetujte s finančnim svetovalcem. Bodite previdni pri prevarah in redno preverjajte svoje bančne račune.

6.　Prilagodite svoj dom starosti

Zakaj je to pomembno: Prilagoditve doma vam omogočajo, da boste udobno in varno živeli, medtem, ko se vaše potrebe spreminjajo. Enostavne prilagoditve lahko olajšajo vsakodnevna opravila in zmanjšajo tveganje za poškodbe.

Kako to izvajati: Namestite si klančine, širše vratne okvirje ali prilagodite višino pultov. Zamenjajte okrogle kljuke z vzvodnimi in poskrbite, da so stikala lahko dostopna. Če so vam stopnice izziv, razmislite o dvigalu za stopnice ali mogoče selitvi v pritličje.

7.   Osebni načrti za nujne primere

Zakaj je to pomembno: Načrt za nujne primere vam zagotavlja varnost v nepričakovanih situacijah kot so zdravstvene težave ali naravne nesreče. Priprava načrta vam omogoča hitro ukrepanje.

Kako to izvajati: Ustvarite načrt, ki vključuje pomembne telefonske številke, seznam zdravil in zdravstvene informacije. Razmislite o investiciji v SOS opozorilni sistem in pogovorite se o svojem načrtu s svojimi bližnjimi.

8. Poiščite si pomoč, ko jo potrebujete

Zakaj je to pomembno: Ohranjanje samostojnosti ne pomeni, da morate vse narediti sami. Priznanje, da potrebujete pomoč, vam zagotavlja varnost in omogoča, da boste lažje uživali v življenju.

Kako to izvajati: Poiščite si pomoč pri gospodinjskih opravilih, prevozih ali negovalni oskrbi. Lokalna skupnost vam nudi storitve kot so dostava obrokov, oskrba na domu ali storitve prevozov.

9. Uporabljajte storitve za starejše, ki so na voljo

Zakaj je to pomembno: Skupnosti ponujajo številne storitve, ki podpirajo starejše pri ohranjanju samostojnosti in izboljšanju kvalitete življenja.

Kako to izvajati: Raziščite programe kot so dostava obrokov, negovalna oskrba na domu ali storitve prevozov. Obrnite se na center za socialno delo, lokalni dom starejših ali zdravnika, za več informacij.

10. Ostanite organizirani

Zakaj je to pomembno: Organiziranost zmanjšuje stres, poenostavi vsakodnevna opravila in omogoča boljši nadzor nad vašim življenjem.

Kako to izvajati: Shranjujte pomembne dokumente na varnem in dostopnem mestu. Poslužujte se koledarja za beleženje obveznosti in si ustvarite rutino za lažje upravljanje vsakodnevnih nalog.

Nasveti v tem poglavju vam bodo zagotovili dobre možnosti za ohranjanje samostojnosti in uživanja v kakovostnem življenju. Samostojnost ne pomeni le tega, da lahko stvari opravljate sami – gre za svobodo in samozavest pri sprejemanju odločitev, ki izboljšujejo kakovost vašega življenja. Z ustreznimi orodji, podporo in pravo miselnostjo, lahko še naprej živite pod pogoji, ki jih vi želite.

Domen Jazbec

POGLAVJE 8: PREPREČEVANJE POGOSTIH ZDRAVSTVENIH TEŽAV

Tveganje za razvoj določenih zdravstvenih težav se s staranjem povečuje, vendar je mogoče veliko teh težav preprečiti ali učinkovito obvladovati z ustreznimi ukrepi. To poglavje vsebuje nekaj praktičnih nasvetov za ohranjanje zdravja in preprečevanje pogostih stanj, ki lahko vplivajo na vaše življenje.

1. Zdravje kosti – Kalcij in vitamin D

Zakaj je to pomembno: S staranjem lahko kosti postanejo tanjše in šibkejše, kar povečuje tveganje za zlome in osteoporozo. Kalcij in vitamin D sta ključna za ohranjanje močnih kosti in zmanjšanje tveganja za težave, povezane s kostmi.

Kako to izvajati: Poskrbite, da vaša prehrana vključuje živila bogata s kalcijem kot so mlečni izdelki, listnata zelenjava in obogatena živila. Po potrebi razmislite o dodatkih kalcija, vendar po posvetu z zdravnikom. Vitamin D pomaga telesu absorbirati kalcij, zato preživite dovolj časa na prostem, da naravno povečate raven vitamina D, ali pa razmislite o dodatkih, če je to potrebno. Vedeti je treba, da se vitamin D tvori na prostem, predvsem med aprilom in septembrom.

2.   Preprečevanje padcev

Zakaj je to pomembno: Padci so eden glavnih vzrokov za poškodbe pri starejših in pogosto povzročijo zlome ali druge resne poškodbe. Preprečevanje padcev je ključno za ohranjanje mobilnosti in samostojnosti.

Kako to izvajati: Poskrbite, da je vaš dom urejen, poti pa proste in varne. Namestite oprijemala v kopalnici in uporabite nedrseče preproge v tušu. Nosite čevlje z nedrsečimi podplati in se izogibajte spolzkim površinam. Redno izvajajte vaje za ravnotežje ali Tai Chi za izboljšanje stabilnosti. Razmislite o uporabi sprehajalnih palic ali hojice, če potrebujete dodatno podporo.

3.   Obvladovanje artritisa

Zakaj je to pomembno: Artritis povzroča bolečine, okorelost in vnetje v sklepih. Učinkovito obvladovanje artritisa vam lahko pomaga ohraniti aktivnost in zmanjšati nelagodje.

Kako to izvajati: Ostanite telesno aktivni z nizko intenzivnimi vajami kot so plavanje, hoja ali joga, ki pomagajo ohranjati prožnost sklepov. Na boleča mesta si nanesite tople ali hladne obkladke za lajšanje bolečin. Ohranite zdravo telesno težo, da si tako zmanjšate obremenitev na sklepe. Posvetujte se z zdravnikom glede zdravil ali dodatkov za lažje obvladovanje simptomov artritisa.

4.   Zdravje srca in ožilja

Zakaj je to pomembno: Srčne bolezni so eden glavnih vzrokov smrti med starejšimi, vendar jih je pogosto mogoče preprečiti z zdravim življenjskim slogom.

Ohranjanje zdravega srca je bistvenega pomena za dolgoživost in splošno dobro počutje.

Kako to izvajati: Uživajte zdravo prehrano z veliko sadja, zelenjave, polnozrnatih živil in pustih beljakovin. Zmanjšajte vnos nasičenih maščob, transmaščob in nezdravega holesterola. Redna telesna aktivnost kot sta hoja ali kolesarjenje je ključna za zdravje srca in ožilja. Redno spremljajte krvni tlak in raven holesterola. Izogibajte se kajenju in omejite uživanje alkohola.

5.   Zdravje oči in redni pregledi

Zakaj je to pomembno: Vid se s staranjem slabša, kar povečuje tveganje za očesne bolezni kot so katarakta, glavkom in degeneracija makule. Redni očesni pregledi vam lahko pomagajo odkriti težave dovolj zgodaj in omogočijo ustrezno zdravljenje.

Kako to izvajati: Načrtujte redne preglede vida vsaj enkrat letno. Ko ste na prostem, si zaščitite oči pred UV žarki, z nošenjem sončnih očal. Jejte živila bogata z antioksidanti kot so listnata zelenjava, korenje in ribe, da ohranjate oči zdravje. Če opazite spremembe v vidu se takoj posvetujte z okulistom.

6.   Zaščita sluha

Zakaj je to pomembno: Izguba sluha je pogosta v starosti in lahko vpliva na sposobnost komunikacije ter uživanja v družabnih dogodkih. Zaščita sluha vam pomaga ohraniti povezave z drugimi in kakovost življenja.

Kako to izvajati: Izogibajte se glasnim zvokom in uporabljajte zaščito za ušesa, ko se nahajate v hrupnem okolju. Redno preverjajte svoj sluh in se posvetujte z zdravnikom, če opazite spremembe. Če uporabljate slušne aparate poskrbite za njihovo pravilno namestitev in vzdrževanje.

7.   Nega starejše kože

Zakaj je to pomembno: S staranjem koža postane tanjša, manj elastična in bolj nagnjena k izsušitvi ter podplutbam. Pravilna nega kože je pomembna za ohranjanje njene zdrave funkcije in preprečevanje težav kot so okužbe ali kožni rak.

Kako to izvajati: Ohranite kožo navlaženo, z uporabo kakovostne kreme, zlasti po kopanju. Zaščitite jo pred soncem z uporabo kreme z zaščitnim faktorjem (SPF) vsaj 30 in se izogibajte prekomerni izpostavljenosti soncu. Redno preverjajte kožo za morebitne spremembe kot so nova znamenja ali lise in o tem obvestite zdravnika.

8.   Zdravje ustne votline

Zakaj je to pomembno: Zdravje ustne votline je tesno povezano s splošnim zdravjem. Slaba ustna higiena lahko povzroči bolezni dlesni, izgubo zob in druge resne zdravstvene težave, vključno z boleznimi srca in sladkorno boleznijo.

Kako to izvajati: Umivajte zobe dvakrat na dan z zobno pasto s fluoridom in dnevno uporabljajte zobno nitko. Načrtujte tudi redne zobozdravstvene preglede. Če nosite protezo, jo vsakodnevno čistite in preverjajte ali se še pravilno prilega.

9. Obvladovanje sladkorne bolezni

Zakaj je to pomembno: Sladkorna bolezen je pogosta pri starejših in lahko povzroči resne zaplete, če ni ustrezno obvladana. Nadzor krvnega sladkorja je ključnega pomena za preprečevanje zapletov.

Kako to izvajati: Jejte zdravo prehrano, ki je nizka v sladkorjih in rafiniranih ogljikovih hidratih. Redno spremljajte raven krvnega sladkorja in jemljite predpisana zdravila. Ukvarjajte se z redno telesno aktivnostjo in redno se posvetujte z zdravnikom glede stanja ter morebitnih prilagoditev zdravljenja.

10. Zdravje dihal

Zakaj je to pomembno: Dihalne težave kot so kronična obstruktivna pljučna bolezen (KOPB) ali astma, so pogostejše v starosti. Ohranjanje zdravja dihal je ključnega pomena za splošno dobro počutje in kvalitetno življenje.

Kako to izvajati: Izogibajte se aktivnemu in pasivnemu kajenju. Ostanite telesno aktivni in izvajajte dihalne vaje za izboljšanje pljučne kapacitete. Poskrbite, da je vaš dom brez onesnaževal kot so prah in plesen in ga redno prezračujte. Cepite se proti okužbam dihal kot sta gripa in koronavirus, saj so te lahko resnejše pri starejših.

Z ukrepi za preprečevanje pogostih zdravstvenih težav lahko ohranite svoje zdravje in samostojnost tudi v starosti. Redni pregledi, zdrav življenjski slog in skrb za svoje zdravje so ključni za srečno ter aktivno življenje. Ne pozabite, da je preventiva pogosto najboljše zdravilo. Zato dajte vsak dan prednost svojemu zdravju in dobremu počutju.

POGLAVJE 9: POTOVANJA IN PROSTI ČAS

Potovanja in ukvarjanje s prostočasnimi dejavnostmi so pomembni vidiki kakovostnega življenja. Te dejavnosti vam omogočajo raziskovanje novih krajev, spoznavanje različnih kultur in sprostitev. Vendar pa lahko potovanja prinesejo tudi posebne izzive, zlasti za starejše osebe. V tem poglavju je podanih nekaj praktičnih nasvetov, ki vam bodo pomagali načrtovati varne in prijetne izlete ter čim bolj izkoristiti svoj prosti čas.

1. Nasveti za potovalna zavarovanja

Zakaj je to pomembno: Potovalno zavarovanje je ključnega pomena, zlasti za starejše osebe, saj nudi kritje za nujne zdravstvene primere, odpovedi potovanj in druge nepričakovane dogodke, ki lahko zmotijo vaše potovalne načrte.

Kako to izvajati: Ob rezervaciji potovanja poskrbite za potovalno zavarovanje, ki vključuje celovito zdravstveno kritje, še posebej, če imate že obstoječe zdravstvene težave. Izberite polico, ki pokriva tudi odpovedi potovanj, zamude in izgubljeno prtljago. Previdno preberite drobni tisk, da boste natančno vedeli kaj je vključeno in imejte med potovanjem vedno pri sebi kopijo zavarovalnih podatkov.

2.   Pakirajte pametno

Zakaj je to pomembno: Pametno pakiranje vam pomaga ostati organizirani, zmanjšuje stres in zagotavlja, da boste imeli vse, kar potrebujete za udobno potovanje. Prekomerno pakiranje ali pozabljanje osnovnih stvari, vam lahko povzroči nepotrebne zaplete.

Kako to izvajati: Pripravite seznam potrebščin, vključno z zdravili, udobnimi oblačili, potovalnimi dokumenti in medicinsko opremo. Spakirajte si vsestranska oblačila, ki jih lahko kombinirate za različne vremenske razmere. Uporabite kovček na kolesih ali lahko torbo, da si tako zagotovite lažji transport. V ročno prtljago dodajte nujne stvari kot so zdravila in pomembni dokumenti, za primer izgube ali zamude glavne prtljage.

3. Previdno načrtujte svoje dogodke na izletu (itinerar)

Zakaj je to pomembno: Dobro načrtovan itinerar vam omogoča, da lahko maksimalno izkoristite potovanje, obenem pa preprečite prekomerni stres in utrujenost.

Kako to izvajati: Vnaprej raziščite destinacijo in si pripravite uravnotežen itinerar, ki vključuje tudi čas za počitek. Upoštevajte svoje telesne omejitve in se izogibajte preobremenitvi. Vnaprej rezervirajte znamenitosti in restavracije, da se tako izognete čakanju. Za dodatno varnost itinerar delite z družinskim članom ali prijateljem.

4. Aktivne počitnice

Zakaj je to pomembno: Ohranjanje aktivnosti med počitnicami izboljša vaše doživetje in prispeva k vašemu splošnemu zdravju.

Kako to izvajati: Izberite destinacije, ki ponujajo dejavnosti kot so pohodništvo, kolesarjenje ali plavanje. Razmislite o lahkih dejavnostih kot so jutranji sprehodi ali nežna joga, tudi, če imate raje sproščene počitnice.

5.   Pridružite se potovalnim skupinam za starejše

Zakaj je to pomembno: Potovanje s skupino, namenjeno starejšim, vam nudi varnost, družbo in poenostavi načrtovanje.

Kako to izvajati: Poiščite agencije, specializirane za potovanja starejših. Skupinska potovanja so odličen način za spoznavanje novih ljudi in sklepanje prijateljstev s podobnimi interesi.

6.   Kulturne dejavnosti

Zakaj je to pomembno: Kulturne dejavnosti obogatijo vašo potovalno izkušnjo z vpogledom v zgodovino, umetnost in tradicije.

Kako to izvajati: Načrtujte obiske muzejev, zgodovinskih krajev in lokalnih dogodkov. Udeležite se kuharskega tečaja ali umetniške delavnice, da tako poglobite svoje razumevanje lokalne kulture.

7.   Potujte z udobjem

Zakaj je to pomembno: Udobje med potovanjem zmanjša stres in utrujenost ter vam izboljša splošno izkušnjo.

Kako to izvajati: Pri rezervaciji prevoza izberite možnosti z dodatnim prostorom za noge. Med potovanjem nosite udobna oblačila in čevlje z oporo, s seboj pa vzemite potovalno blazino ali odejo. Pomembno je, da med dolgimi potovanji ostanete hidrirani in si vzamete čas za raztezanje.

8.   Spoznajte svojo destinacijo

Zakaj je to pomembno: Razumevanje destinacije pred prihodom izboljša vašo izkušnjo in zmanjša kulturni šok.

Kako to izvajati: Pred odhodom raziščite zgodovino, kulturo, jezik in njihove običaje. Naučite se osnovnih fraz v lokalnem jeziku in se seznanite z lokalno valuto ter prevoznimi možnostmi.

9. Ohranjajte vadbeno rutino tudi med potovanjem

Zakaj je to pomembno: Ohranjanje vadbene rutine med potovanjem pomaga ohranjati telesno pripravljenost in preprečuje morebitno okorelost.

Kako to izvajati: Spakirajte lahko vadbeno opremo kot so elastični trakovi ali joga podloga. Izkoristite hotelske telovadnice ali bazene in vključite hojo ali druge aktivnosti v svoj načrt.

10. Zagotovite si varnost na poti

Zakaj je to pomembno: Varnost je ključnega pomena med potovanjem, zlasti na neznanih lokacijah.

Kako to izvajati: Imejte kopijo pomembnih dokumentov na ločenem mestu od originalov. Nosite denar in dokumente v skritih torbicah. Izogibajte se tveganemu vedenju in ostanite v dobro osvetljenih območjih, zlasti ponoči. Redno se javljajte družini ali prijateljem, če potujete sami.

Potovanja in prostočasne dejavnosti so ključnega pomena za ohranjanje zdravega in aktivnega življenja. Če upoštevate te nasvete, lahko uživate v varnih, udobnih in bogatih potovalnih izkušnjah, ki vam ustvarjajo trajne spomine. Ne glede na to ali raziskujete novo destinacijo ali uživate v najljubšem hobiju, čim bolje izkoristite svoj prosti čas in sprejmite priložnosti, ki vam jih ponuja potovanje.

POGLAVJE 10: HOBIJI IN PROSTI ČAS

Ukvarjanje s hobiji in prostočasnimi dejavnostmi je ključnega pomena za ohranjanje uravnoteženega in aktivnega življenja. Hobiji zagotavljajo občutek namena, spodbujajo um in ponujajo priložnosti za družbeno interakcijo. Ne glede na to ali iščete nove hobije ali se že ukvarjate z dolgoletnimi aktivnostmi, boste v tem poglavju našli nasvete o različnih hobijih, ki lahko dodatno obogatijo vaše življenje in vas ohranjajo aktivne.

1. Vrtnarjenje za sprostitev

Zakaj je to pomembno: Vrtnarjenje je terapevtska dejavnost, ki vam omogoča povezovanje z naravo, zmanjšuje stres in vam prinaša zadovoljstvo ob pridelavi lastnih vrtnin. Prav tako je odličen način za lahkotno telesno vadbo in preživljanje časa na prostem.

Kako to izvajati: Če ste novinec v vrtnarjenju, začnite z majhnim vrtom ali nekaj lončnicami. Izberite rastline, ki so enostavne za vzdrževanje in primerne za vaše lokalno podnebje. Če imate težave z gibljivostjo, razmislite o visokih gredah ali vrtnarjenju v posodah, ki so lažje za upravljanje. Vrtnarjenje je lahko samotna ali družabna dejavnost — povabite prijatelje ali družino, da vam pomagajo, ali pa se pridružite lokalnemu vrtnarskemu društvu, da delite svoje nasvete in izkušnje.

2. Opazovanje ptic

Zakaj je to pomembno: Opazovanje ptic je miren, sproščujoč hobi, ki vas spodbuja k preživljanju časa na prostem in razvoju globljega spoštovanja do divjih živali.

Kako to izvajati: Začnite s spoznavanjem ptic v svojem okolju. Kupite daljnogled in vodnik za prepoznavanje ptic ali uporabite aplikacijo. Obiščite parke, naravne rezervate ali svoj vrt za opazovanje ptic in si vodite dnevnik za beleženje vrst in njihovega vedenja. Pridružitev skupini za opazovanje ptic vam lahko ponudi vodene izlete in družabno interakcijo.

3.   Slikanje in risanje

Zakaj je to pomembno: Ustvarjalne dejavnosti kot sta slikanje in risanje, spodbujajo možgane, izboljšujejo koordinacijo in zagotavljajo občutek dosežka.

Kako to izvajati: Pridobite osnovne umetniške pripomočke kot so skicirke, barve in čopiči. Začnite s preprostimi projekti kot so tihožitja ali krajine in se udeležite lokalnega tečaja ali se pridružite spletni skupnosti, da razvijete svoje veščine ter delite svoje delo.

4.   Ročna dela

Zakaj je to pomembno: Ročna dela, kot so pletenje, kvačkanje ali obdelava lesa, ohranjajo dejavne roke in um ter omogočajo ustvarjanje lepih, uporabnih predmetov.

Kako to izvajati: Izberite ročno delo, ki vas zanima in začnite z osnovami. Mnogi pripomočki za ročna dela so prenosljivi, kar vam omogoča delo kjerkoli. Pridružite se skupini za ročna dela ali se udeležite delavnic, da se naučite novih tehnik in se tako tudi povežete z drugimi.

5. Igranje glasbil

Zakaj je to pomembno: Igranje glasbila vam ohranja bister um, izboljšuje koordinacijo in omogoča ustvarjalno izražanje.

Kako to izvajati: Če že igrate glasbilo, si redno vzemite čas za vadbo. Če ste novinec, izberite glasbilo, ki vas zanima. Skupnosti in spletne platforme ponujajo lekcije za začetnike. Igranje v bendu ali zboru lahko izboljša vašo izkušnjo in vam prinese socialne koristi.

6. Pridružitev bralnemu društvu

Zakaj je to pomembno: Bralno društvo združuje užitek branja z družbeno interakcijo. Razprave o knjigah vam poglabljajo razumevanje in odpirajo vrata novim žanrom.

Kako to izvajati: Poiščite lokalno ali spletno bralno društvo. Če ne najdete primernega, razmislite o ustanovitvi lastnega z družino ali prijatelji.

7.   Fotografiranje

Zakaj je to pomembno: Fotografiranje spodbuja pozornost na svet okoli vas in združuje ustvarjalnost s tehničnimi veščinami.

Kako to izvajati: Začnite s kamero po svoji izbiri in se naučite osnov kompozicije in osvetlitve. Fotografirajte motive, ki vas zanimajo in se pridružite fotografskemu društvu ali delite svoje delo na družbenih omrežjih za povratne informacije.

8.   Pisanje in pripovedovanje zgodb

Zakaj je to pomembno: Pisanje je način za izražanje, deljenje izkušenj in ohranjanje spominov, ki angažira vašo domišljijo.

Kako to izvajati: Vzemite si čas za pisanje dnevnika, poezije ali zgodb. Pridružite se društvu pisateljev ali se vpišite na tečaj, da izpopolnite svoje veščine.

9. Kuhanje in peka

Zakaj je to pomembno: Kuhanje in peka omogočata eksperimentiranje z okusi in tehnikami ter prinašata zadovoljstvo ob pripravi domačih obrokov.

Kako to izvajati: Raziskujte nove recepte in eksperimentirajte z različnimi sestavinami. Kuhanje za druge doda tudi družabni element. Razmislite o kuharskem tečaju za pridobitev novih veščin.

10. Ribolov

Zakaj je to pomembno: Ribolov je sproščujoča dejavnost na prostem, ki vam omogoča povezavo z naravo in hkrati nudi priložnost za druženje ter vam nudi svežo hrano.

Kako to izvajati: Izberite lokalno ribolovno mesto in si zagotovite ustrezno opremo. Naučite se tehnik ribolova in se morda pridružite lokalnemu ribiškemu društvu ali organiziranemu ribiškemu izletu.

Hobiji in rekreacijske dejavnosti igrajo ključno vlogo pri ohranjanju aktivnega življenjskega sloga. Zagotavljajo priložnosti za učenje, ustvarjalnost in družbeno interakcijo, kar vse prispeva k vašemu splošnemu dobremu počutju. Z raziskovanjem novih hobijev ali nadaljevanjem tistih, ki jih imate radi, lahko ohranite svoj um aktiven, telo angažirano in dušo nahranjeno.

POGLAVJE 11: VSEŽIVLJENJSKO UČENJE

Vseživljenjsko učenje je ključ do ohranjanja bistrih misli, angažiranosti in radovednosti skozi celotno življenje. Nenehno iskanje novih znanj in veščin vam pomaga prilagajanje spremembam, ostajati družbeno povezani in ohranjati občutek namena. V tem poglavju vam predstavljam različne načine, kako lahko nadaljujete z učenjem in rastjo, ne glede na vaša leta.

1. Udeležite se spletnih tečajev

Zakaj je to pomembno: Spletni tečaji vam ponujajo fleksibilnost, da se lahko učite v svojem tempu in iz udobja doma. Pokrivajo širok spekter tematik, kar vam omogoča raziskovanje novih interesov ali poglobitev znanja na določenem področju.

Kako to izvajati: Mnoge univerze, izobraževalne platforme in organizacije ponujajo spletne tečaje, pogosto brezplačno ali po nizki ceni. Spletne strani, kot so MojeZnanje.si (slovensko), Coursera, edX in Udemy (angleško), vam nudijo dostop do tečajev iz zgodovine, znanosti, umetnosti in tehnologije. Izberite tečaj, ki vas zanima in mu vsak teden posvetite nekaj ur. Če iščete bolj formalno izobrazbo, lahko pridobite tudi certifikate ali diplome.

2.   Udeležite se lokalnih tečajev

Zakaj je to pomembno: Lokalni tečaji ponujajo priložnost za učenje v družbenem okolju, kar prinaša tako izobraževalne kot tudi družbene koristi.

Kako to izvajati: Preverite ponudbo v lokalni skupnosti, knjižnicah ali programih za izobraževanje odraslih. Ne glede na to ali vas zanima učenje novega jezika, obvladovanje ročnih spretnosti ali izboljšanje računalniških veščin, je verjetno na voljo tečaj za vas. Udeležba na tečajih v živo omogoča spoznavanje novih ljudi s podobnimi interesi in krepi občutek pripadnosti.

3.   Naučite se novega jezika

Zakaj je to pomembno: Učenje novega jezika aktivira možgane, izboljšuje spomin in odpira vrata novim kulturnim izkušnjam.

Kako to izvajati: Izberite jezik, ki vas zanima, bodisi zaradi potovanj, zgodovinske povezanosti ali radovednosti. Uporabite mobilne aplikacije, kot so Duolingo, Babbel ali Rosetta Stone. Pridružite se jezikovnim tečajem ali pogovornim skupinam v živo ali na spletu, kjer lahko vadite govorjenje. Redna praksa je ključna za napredek, zato vključite tuji jezik v svojo vsakodnevno rutino.

4.   Ukvarjajte se z DIY (naredi si sam) projekti

Zakaj je to pomembno: DIY projekti so praktičen način za učenje novih veščin, reševanje problemov in ustvarjanje nečesa oprijemljivega.

Kako to izvajati: Izberite projekt, ki vas zanima, na primer izdelava pohištva, prenova prostora ali ustvarjanje dekoracije. Zberite potrebna orodja in materiale ter sledite spletnim navodilom ali vodičem. DIY projekti prinašajo občutek dosežka in zadovoljstvo, ko vidite rezultate svojega dela.

5.   Udeležite se predavanj in seminarjev

Zakaj je to pomembno: Predavanja in seminarji ponujajo dostop do strokovnega znanja in najnovejših dognanj na različnih področjih.

Kako to izvajati: Poiščite predavanja na lokalnih univerzah, v muzejih ali lokalni skupnosti. Spletne platforme kot so TED Talks ali YouTube, nudijo dostop do predavanj na temo znanosti, tehnologije, umetnosti in kulture. Udeležba na teh dogodkih vam lahko razširi obzorja in spodbudi intelektualno radovednost.

6. Pridružite se pogovornim skupinam

Zakaj je to pomembno: Pogovorne skupine omogočajo angažiranje v diskusijah, izmenjavo idej in pridobivanje novih vpogledov.

Kako to izvajati: Pridružite se pogovorni skupini, osredotočeni na temo, ki vas zanima kot so knjige, aktualni dogodki ali filozofija. Knjižnice, skupnosti in spletne platforme ponujajo redna srečanja teh skupin. Če imate raje bolj neformalno okolje, organizirajte razprave s prijatelji ali sosedi.

7. Obiščite muzeje in razstave

Zakaj je to pomembno: Muzeji in razstave ponujajo bogat vir znanja in navdiha ter omogočajo raziskovanje umetnosti, zgodovine in znanosti.

Kako to izvajati: Načrtujte redne obiske lokalnih muzejev, galerij in kulturnih institucij. Mnogi muzeji ponujajo popuste za starejše ali dneve brezplačnega vstopa. Če ne morete osebno obiskati muzejev, mnogi zdaj ponujajo virtualne oglede in spletne razstave.

8. Naročite se na izobraževalne kanale

Zakaj je to pomembno: Izobraževalni kanali zagotavljajo stalne priložnosti za širjenje znanja na različnih področjih.

Kako to izvajati: Naročite se na YouTube kanale, podcaste ali pretočne vsebine, ki ustrezajo vašim interesom. Kanali kot so National Geographic, TED-Ed in Khan Academy, ponujajo kakovostne vsebine o znanosti, zgodovini in tehnologiji. Tudi slovenski podcasti in kanali so dobra izbira za učenje v domačem jeziku.

9. Raziščite svoje prednike

Zakaj je to pomembno: Raziskovanje družinske zgodovine vam ponudi občutek povezanosti s preteklostjo in globlje razumevanje vaše dediščine.

Kako to izvajati: Začnite z zbiranjem informacij od družinskih članov in uporabite spletna orodja kot sta Ancestry.com ali FamilySearch.org, za raziskovanje družinskega drevesa. Obiščite knjižnice, arhive in genealoška društva, ki vam tudi lahko pomagajo pri raziskovanju.

10.   Poučujte ali mentorirajte druge

Zakaj je to pomembno: Poučevanje in mentorstvo vam omogočata, da delite svoje znanje in izkušnje z drugimi ter prispevate k razvoju skupnosti.

Kako to izvajati: Identificirajte področja, kjer imate strokovno znanje in poiščite priložnosti za poučevanje ali mentorstvo, bodisi prek formalnih programov v šolah ali prek neformalnih priložnosti, kot je pomoč prijateljem in družini.

Pri vseživljenjskem učenju ne gre le za pridobivanje novega znanja – gre za to, da ostanete radovedni, povezani in vključeni v svet okoli sebe. Z nadaljnjim učenjem in rastjo lahko ohranite mentalno ostrino, spodbujate ustvarjalnost in uživate v izpolnjenem življenju v kateri koli starosti. Sprejmite priložnosti za učenje, ki vas obdajajo in naj bo to vaše vseživljenjsko potovanje.

ZAKLJUČEK

Ohranjanje telesne in duševne aktivnosti je ključno za izpolnjeno ter zdravo življenje v starosti. Strategije in nasveti, ki sem jih opisal v tem priročniku, so zasnovani tako, da vam pomagajo ohraniti samostojnost, negovati vaše duševno in telesno dobro počutje ter še naprej uživati v dejavnostih in odnosih, ki vam prinašajo veselje.

Sledenje nasvetom iz teh poglavij vam bo zagotovilo trdne temelje za živahno življenje, polno priložnosti za učenje, rast in vključenost z okolico. Ne glede na to, ali se lotevate novega hobija, potujete na nove destinacije, ali se preprosto osredotočate na svoje zdravje, vsak majhen korak, ki ga naredite v tej smeri, prispeva k bogatejšemu in bolj nagrajujočemu življenju.

Ključne ugotovitve

Dajte prednost zdravju: Redni pregledi, uravnotežena prehrana in dosledna telesna aktivnost so bistveni za ohranjanje zdravja in preprečevanje pogostih težav v starosti.

Ostanite duševno aktivni: Vseživljenjsko učenje, miselne vaje in družabna angažiranost so ključni za ohranjanje bistrih misli in visoke morale.

Negujte družbene povezave: Ostati povezan z družino, prijatelji in skupnostjo zagotavlja čustveno podporo, zmanjšuje občutek osamljenosti in izboljšuje kakovost vašega življenja.

Iščite nove izkušnje: Ne glede na to, ali gre za potovanja, hobije ali učenje novih veščin, nenehno iščite nove izkušnje, ki bodo obogatile vaše življenje in vam pomagale ohraniti občutek smisla.

Spodbuda k udejstvovanju

Ko razmišljate o nasvetih in idejah, ki sem vam jih predstavil v tem priročniku, se spomnite, da nikoli ni prepozno za uvajanje pozitivnih sprememb v svoje življenje. Majhni, dosledni koraki lahko privedejo do pomembnih izboljšav vašega zdravja, sreče in splošnega dobrega počutja. Naredite prvi korak že danes—ne glede na to, ali gre za pridružitev novemu društvu, vzpostavljanje dnevne rutine hoje ali prijavo na spletni tečaj. Vsako dejanje, ki ga naredite danes, vas približa bolj aktivnemu, angažiranemu in izpolnjenemu življenju.

Dodatni viri

Za nadaljnje branje in vire o zdravem staranju, družbeni angažiranosti in vseživljenjskem učenju razmislite o raziskovanju naslednjega:

Knjige: Poiščite naslove o zdravem staranju, zdravju možganov in aktivnem življenju v lokalni knjižnici ali knjigarni.

Spletne strani: Obiščite ugledne spletne strani, kot so Aktivno in zdravo staranje v Sloveniji (staranje.si), Varnastarost.si, Lahko.si in lokalne centre za starejše, kjer boste našli nasvete, različne vire in podatke o skupnostih.

Tečaji in delavnice: Preverite v lokalnih skupnostih, programih za izobraževanje odraslih in na spletnih platformah za tečaje, ki vas zanimajo.

Hvala, ker ste si vzeli čas za raziskovanje tega priročnika. Naj vas nasveti in priporočila zajeta v njem navdihnejo, da še naprej živite življenje, polno aktivnosti, učenja in veselja.

Domen Jazbec

O AVTORJU

Domen Jazbec je diplomirani fizioterapevt z več kot 20-letnimi izkušnjami na področju fizioterapije na domu in specializiran za delo s starejšimi ljudmi z različnimi zdravstvenimi težavami. V svoji zasebni praksi se Domen posveča izboljšanju kakovosti življenja svojih pacientov z zagotavljanjem individualizirane oskrbe za povrnitev njihove mobilnosti, lajšanje bolečin in izboljšanje splošnega fizičnega počutja. Njegovo globoko razumevanje pogojev, povezanih s starostjo, mu omogoča, da zagotovi učinkovito zdravljenje, prilagojeno edinstvenim potrebam vsakega posameznika. Zaveda se, da je za kakovostno življenje nujno ohranjanje aktivnosti na različnih področjih življenja.

V kolikor potrebujete dodatni nasvet v zvezi s priročnikom, mi lahko pošljete e-pošto na info@fiziofit.si in z veseljem vam bom odgovoril v najkrajšem možnem času.

Opomba: Pri urejanju besedila in obdelavi tematik, ki niso ravno moje področje, sem si pomagal z orodjem ChatGPT. (Kaj je ChatGPT? To je inteligentni klepetalni robot, ki ga je razvil amriški raziskovalni laboratorij OpenAI).

www.ingramcontent.com/pod-product-compliance
Lightning Source LLC
Chambersburg PA
CBHW050553160726
48003CB00002B/880